AF175816

Impressum
Verlag: BABADADA GmbH, Nedderfeld 112 , 22529 Hamburg
Geschäftsführer / Verlagsleitung: Harald Hof
Druck: Books on Demand GmbH, In de Tarpen 42, 22848 Norderstedt

Imprint
Publisher: BABADADA GmbH, Nedderfeld 112 , 22529 Hamburg, Germany
Managing Director / Publishing direction: Harald Hof
Print: Books on Demand GmbH, In de Tarpen 42, 22848 Norderstedt

դպրոց

colegio

մատյան
aula
բաժանել
dividir
186/2
գրատախտակ
pizarrón
ուսուցիչ
maestro
խաղադաշտ
patio de escuela
թուղթ
papel
գրել
escribir
գրիչ
birome
գրասեղան
escritorio
քանոն
regla
գիրք
libro
աշակերտ
alumno

պայուսակ

mochila

գրչատուփ

caja de lápices

մատիտ

lápiz

մատիտի սրիչ

sacapuntas

ռետին

goma (de borrar)

նկարչական ալբոմ

bloc de dibujo

նկարչություն

dibujo

վրձին

pincel

ներկերի տուփ

caja de pinturas

մկրատ

tijera

սոսինձ

pegamento

տետր

cuaderno de ejercicios

Տնային աշխատանք

tarea

թիվ

número

գումարել

sumar

հանել

restar

բազմապատկել

multiplicar

հաշվել

calcular

տառ

letra

այբուբեն

abecedario

բառ

palabra

տեքստ

texto

կարդալ

leer

կավիճ

tiza

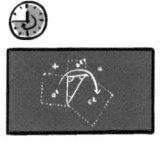

դաս

lección

մատյան

cuaderno de clase

քննություն

examen

վկայական

certificado

դպրոցական համազգեստ

uniforme escolar

կրթություն

educación

հանրագիտարան

enciclopedia

համալսարան

universidad

մանրադիտակ

microscopio

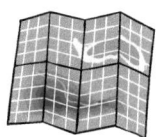

քարտեզ

mapa

աղբարկղ

tacho (de basura)

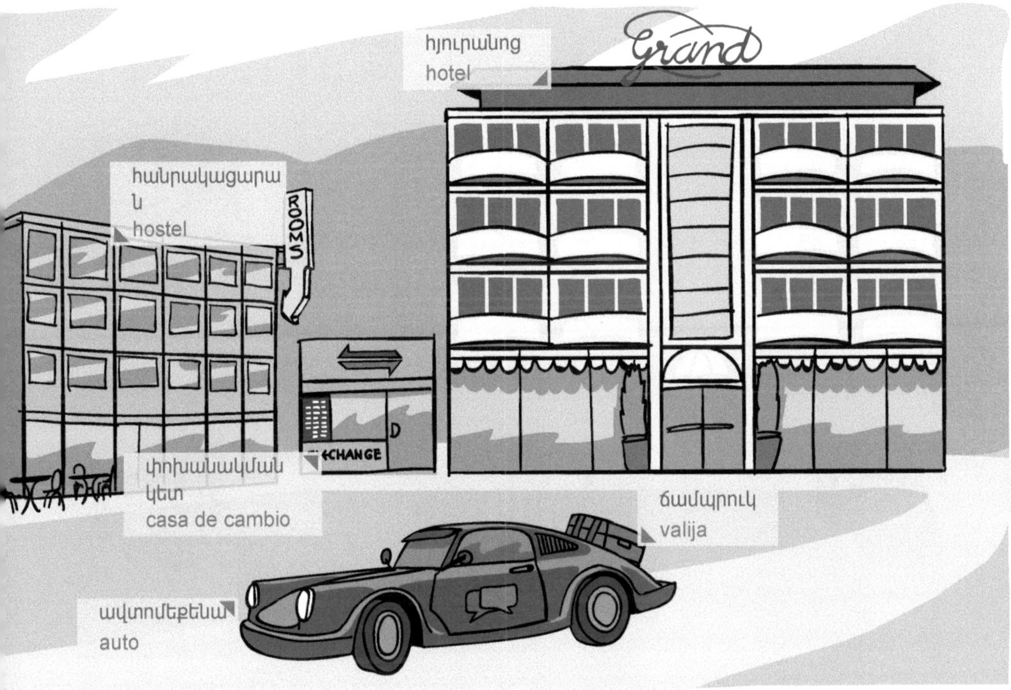

հյուրանոց
hotel
Grand
հանրակացարա
ն
hostel
ROOMS
EXCHANGE
փոխանակման
կետ
casa de cambio
ճամպրուկ
valija
ավտոմեքենա
auto

լեզու

idioma

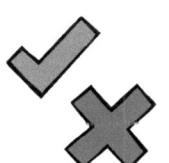

այո / ոչ

sí / no

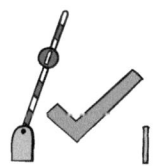

Լավ

Está bien

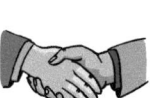

ողջույն

hola

թարգմանիչ

traductor

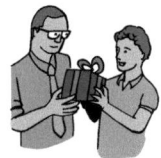

Շնորհակալություն

Gracias

Որքա՞ն է ...?

¿cuánto cuesta...?

Ես չեմ հասկանում

No entiendo

խնդիր

problema

Բարի երեկո

¡Buenas tardes!

Բարի լույս

¡Buenos días!

Բարի երեկո

¡Buenas noches!

ցտեսություն

adiós

ուղղություն

dirección

ուղղեբեռ

equipaje

պայուսակ

bolso

մեջքի պայուսակ

mochila

հյուր

invitado

սենյակ

habitación

քնապարկ

bolsa de dormir

վրան

carpa

Զբոսաշրջության տեղեկատվական

información turística

լողափ

playa

ԿՐԵԴԻՏ քարտ

tarjeta de crédito

նախաճաշ

desayuno

լանչ

almuerzo

ճաշ

cena

տոմս

pasaje

վերելակ

ascensor

կնիք

sello

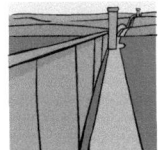

սահման

frontera

մաքսային

aduana

դեսպանություն

embajada

մուտքի արտոնագիր

visa

անձնագիր

pasaporte

Փոխադրամիջոցներ

transporte

ինքնաթիռ
avión
նավ
barco
հրշեջ մեքենա
autobomba
ավտոբուս
colectivo
բեռնատար մեքենա
camión
մոտորանավակ
lancha a motor
հեծանիվ
bicicleta
ավտոմեքենա
auto

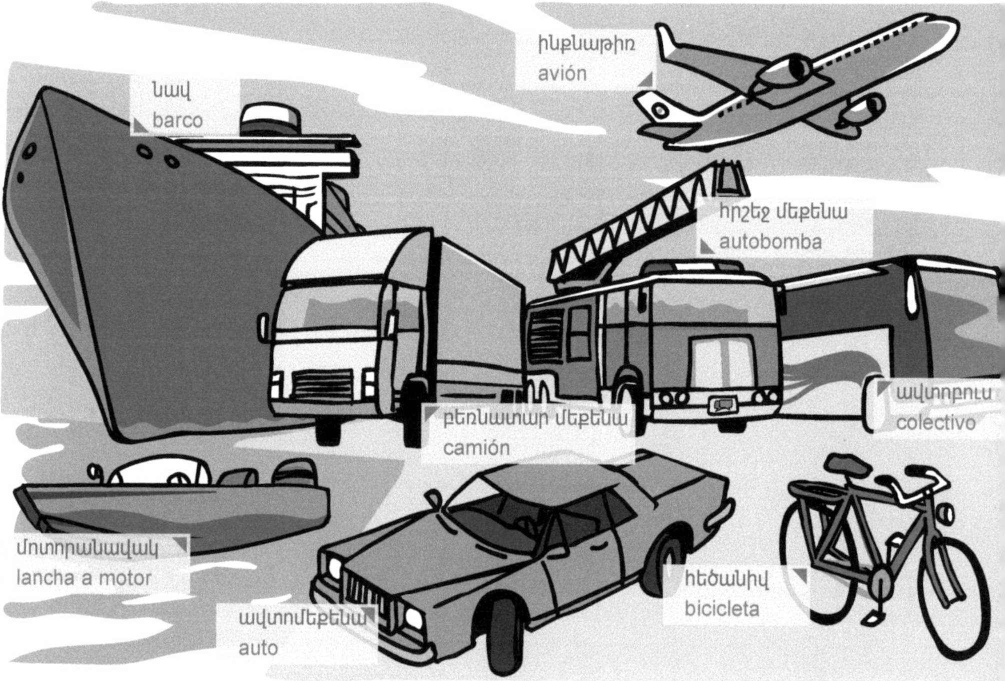

լաստանավ

ferry

նավակ

bote

մոտոցիկլ

moto

ոստիկանության մեքենա

patrullero

մրցարշավային մեքենա

auto de carreras

վարձակալվող մեքենա

auto de alquiler

եքենայի վարձակալում

alquiler de autos

էվակուատոր

grúa

աղբահանության մեքենա

camión de basura

շարժիչ

motor

վառելիք

nafta

բենզալցակայան

estación de servicio

երթևեկության նշան

señal de tránsito

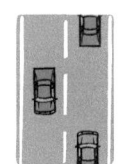

երթևեկություն

tránsito

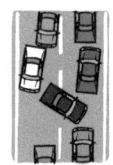

խցանում

embotellamiento

ավտոկանգառ

estacionamiento

երկաթուղային կայարան

estación de tren

երկաթուղագիծ

vías

գնացք

tren

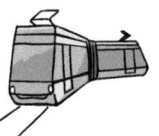

տրամվայ

tranvía

վագոն

vagón

ուղղաթիռ

helicóptero

օդանավակայան

aeropuerto

աշտարակ

torre

ուղեւոր

pasajero

աման

contenedor

խավաքարտ

caja de cartón

սայլ

carretilla

զամբյուղ

canasta

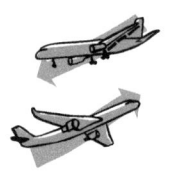

հանեք / հողատարածք

despegar / aterrizar

քաղաք
ciudad

գյուղ

pueblo

քաղաքի կենտրոնում

centro de ciudad

տուն

casa

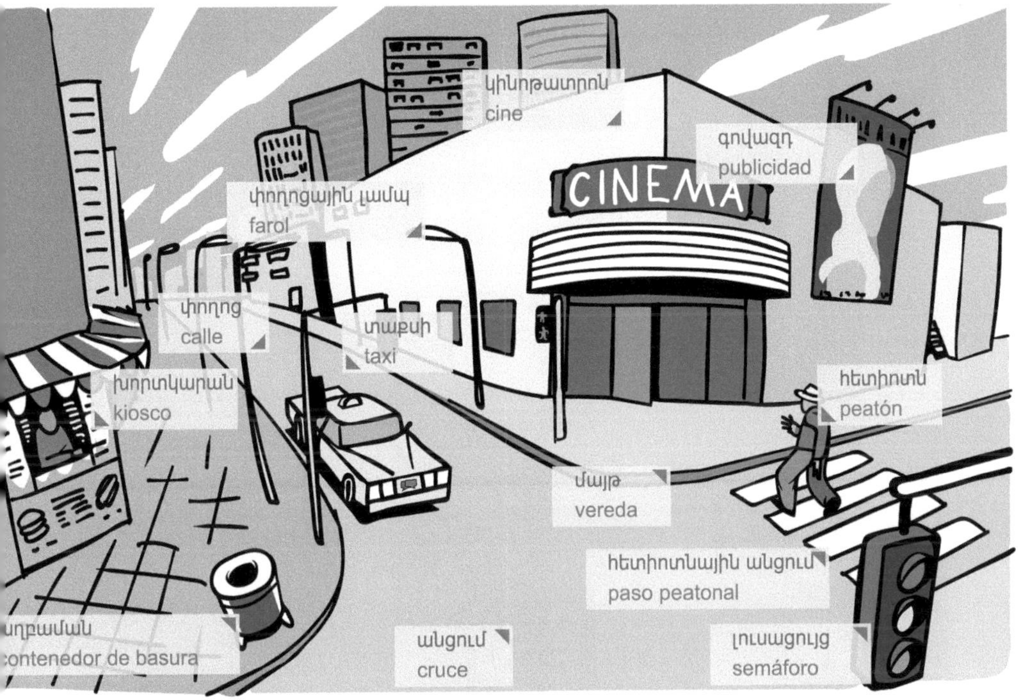

կինոթատրոն
cine
գովազդ
publicidad
CINEMA
փողոցային լամպ
farol
փողոց
calle
տաքսի
taxi
խորտկարան
kiosco
հետիոտն
peatón
մայթ
vereda
հետիոտնային անցում
paso peatonal
աղբաման
contenedor de basura
անցում
cruce
լուսացույց
semáforo

խրճիթ

cabaña

բնակարան

departamento

երկաթուղային կայարան

estación de tren

քաղաքապետարան

municipalidad

թանգարան

museo

դպրոց

colegio

համալսարան

universidad

բանկ

banco

հիվանդանոց

hospital

հյուրանոց

hotel

դեղատուն

farmacia

գրասենյակ

oficina

գրքույկ խանութ

librería

խանութ

negocio

ծաղկի խանութ

florería

սուպերմարկետ

supermercado

շուկա

mercado

հանրախանութ

grandes tiendas

ձկան խանութ

pescadería

առևտրի կենտրոն

centro comercial

նավահանգիստ

puerto

զբոսայգի
parque

բանկերը
banco

կամուրջ
puente

աստիճաններ
escaleras

մետրո
subte

թունել
túnel

ավտոբուսի կանգառ
parada del colectivo

բար
bar

ռեստորան
restaurante

փոստարկղ
buzón

փողոցային նշան
letrero

ավտոկայանման հաշվիչ
parquímetro

կենդանաբանական այգի
zoológico

լողավազան
pileta

մզկիթ
mezquita

ֆերմա

granja

աղտոտման

contaminación

գերեզմանոց

cementerio

եկեղեցի

iglesia

խաղահրապարակ

juegos infantiles

տաճար

templo

բնապատկեր
paisaje

ֆերդ
hoja

ուղղության նշան
poste indicador

ճանապարհ
camino

մարգագետին
pradera

քար
piedra

արշավականներ
excursionista

ծառ
árbol

գետ
río

խոտ
hierba

ծաղիկ
flor

հովիտ

valle

բլուր

montaña

լիճ

lago

անտառ

bosque

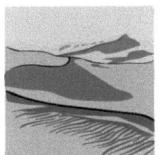

անապատ

desierto

հրաբուխ

volcán

ամրոց

castillo

ծիածան

arco iris

սունկ

champiñón

արմավենու ծառ

palmera

մժեղ

mosquito

թռչել

mosca

մրջյուն

hormiga

մեղու

abeja

սարդ

araña

բզեզ

escarabajo

գորտ

rana

սկյուռ

ardilla

ոզնի

erizo

նապաստակ

liebre

բու

lechuza

թռչուն

pájaro

կարապ

cisne

վարազ

jabalí

եղջերու

ciervo

իշայծյամ

alce

պատնեշ

presa

քամին տուրբինների

aerogenerador

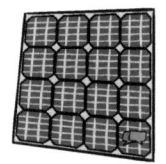

արեւային վահանակ

panel solar

կլիմա

clima

ռեստորան
restaurante

մատուցող
mozo
մենյու
menú
աթոռ
silla
ապուր
sopa
պիցցա
pizza
սփռոց
mantel
սպասք
cubiertos

ստարտեր
entrada

հիմնական կերակուր
plato principal

դեսերտ
postre

օրական
bebidas

սնունդ
comida

շիշ
botella

արագ սնունդ

comida rápida

streetfood

comida callejera

թեյնիկ

tetera

շաքարաման

azucarera

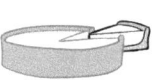

բաժին

porción

էսպրեսսո մեքենա

cafetera expreso

մանկական աթոռ

sillita alta

օրինագիծ

cuenta

սկուտեղ

bandeja

դանակ

cuchillo

պատառաքաղ

tenedor

գդալ

cuchara

թեյի գդալ

cucharita

անձեռոցիկ

servilleta

ապակի

vaso

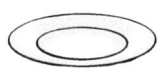

ափսե
....
plato

խոր ափսե
....
plato hondo

պնակ
....
plato

սոուս
....
salsa

աղաման
....
salero

պղպեղի աղաց
....
molinillo de pimienta

քացախ
....
vinagre

ձեթ
....
aceite

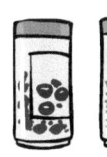

համեմունքներ
....
especias

կետչուպ
....
kétchup

մանանեխ
....
mostaza

մայոնեզ
....
mayonesa

սուպերմարկետ
supermercado

հատուկ առաջարկ
oferta especial
FOR
հաճախորդ
cliente
Dairy
lácteos
միրգ
fruta
գնումների սայլակ
changuito

մսամթերքի խանութ

carnicería

հացամթերքի խանութ

panadería

կշռել

pesar

բանջարեղեն

verduras

միս

carne

սառեցված սննդամթերքի

alimentos congelados

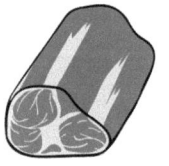

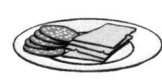
երշիկեղեն
fiambres

պահածոների
alimentos enlatados

լվացքի փոշի
detergente en polvo

քաղցրավենիք
golosinas

տնտեսական ապրանքներ
electrodomésticos

մաքրող միջոցներ
productos de limpieza

վաճառող
vendedora

դրամարկղ
caja

գանձապահ
cajero

գնումների ցուցակ
lista de compras

ժամերը
horario de atención

դրամապանակ
billetera

ԿՐԵԴԻՏ քարտ
tarjeta de crédito

պայուսակ
cartera

պլաստիկ տոպրակ
bolsa de plástico

օրական
bebidas

ջուր

agua

հյութ

jugo

կաթ

leche

կոլա

bebida cola

գինի

vino

գարեջուր

cerveza

սպիրտ

alcohol

կակաո

cacao

թեյ

té

սուրճ

café

էսպրեսսո

café expreso

կապուչինո

cappuccino

բանան

banana

խնձոր

manzana

նարնջի

naranja

սեխ

melón

կիտրոն

limón

գազար

zanahoria

սխտոր

ajo

բամբուկ

bambú

սոխ

cebolla

սունկ

champiñón

ընկուզեղեն

nueces

արիշտա

fideos

սպագետտի

tallarines

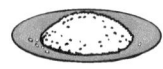

բրինձ

arroz

աղցան

ensalada

չիպս

papas fritas

տապակած կարտոֆիլ

papas fritas

պիցցա

pizza

համբուրգեր

hamburguesa

սենդվիչ

sándwich

կոտլետ

churrasco

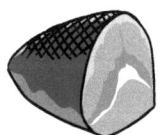

խոզապուխտ

jamón

սալյամի

salame

երշիկ

salchicha

հավ

pollo

խորոված

asado

ձուկ

pescado

վարսակի փաթիլներ

copos de avena

մյուսլի

muesli

եգիպտացորենի փաթիլներ

copos de maíz

ալյուր

harina

կրուասան

medialuna

բուլկի

pancito

հաց

pan

տոստ

tostada

թխվածքաբլիթներ

galletitas

կարագ

manteca

կաթնաշոռ

cuajada

տորթ

torta

ձու

huevo

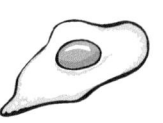

տապակած ձու

huevo frito

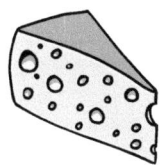

պանիր

queso

պաղպաղակ

helado

շաքար

azúcar

մեղր

miel

ջեմ

mermelada

նուգա սերուցք

pasta de chocolate

կարրի

curry

ֆերմա
granja

granja
գոմ
granero
ծղոտի դեզ
fardo de paja
դաշտ
campo
ձի
caballo
կցասայլ
remolque
քուռակ
potrillo
տրակտոր
tractor
ավանակ
burro
ոչխար
oveja
գառ
cordero

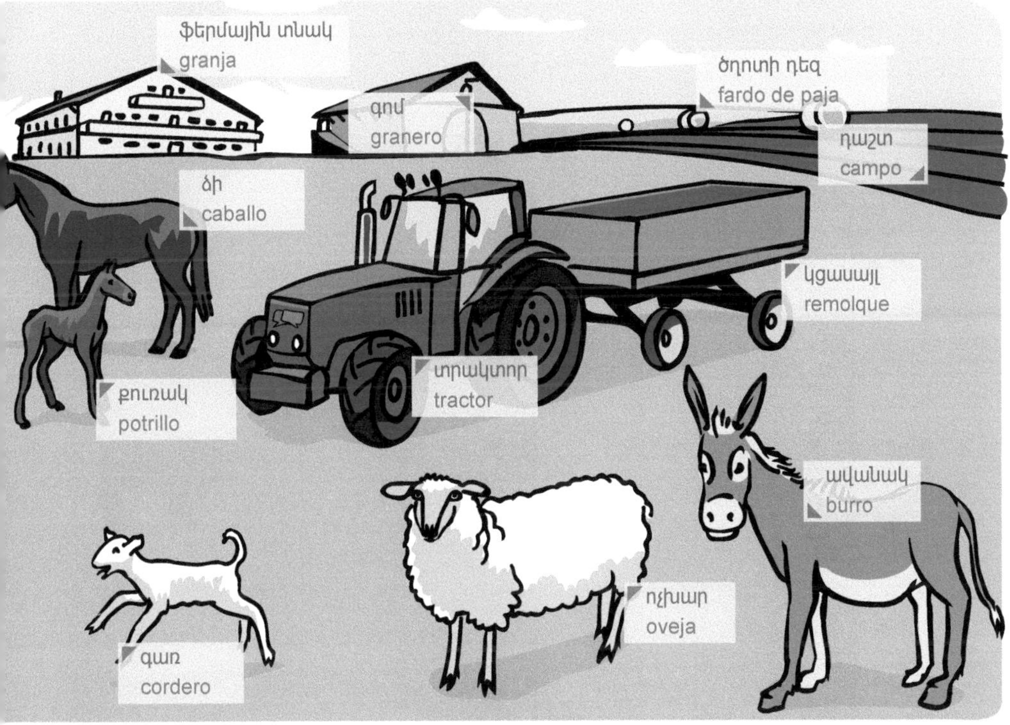

այծ

cabra

կով

vaca

հորթ

ternero

խոզ

cerdo

խոճկոր

lechón

ցուլ

toro

 սագ

ganso

բադ

pato

ճուտ

pollo

հավ

gallina

աքլոր

gallo

առնետ

rata

կատու

gato

մուկ

ratón

ցուլ

buey

շուն

perro

շան բուն

cucha

այգու փողրակ

manguera

watering կարող է

regadera

գերանդի

guadaña

գութան

arado

մանգաղ

hoz

թոխր

azada

եղան

horquilla

կացին

hacha

միանիվ ձեռնասայլակ

carretilla

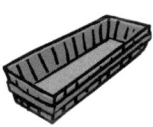

կերակրատաշտ

abrevadero

կաթի բիդոն

lechera

պարկ

bolsa

ցանկապատ

reja

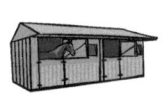

կայուն

establo

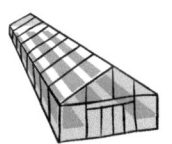

ջերմոց

invernadero

հող

suelo

սերմ

semilla

պարարտանյութ

fertilizador

բերքահավաք կոմբայն

cosechadora

բերք
....
cosechar

բերք
....
cosecha

յամս
....
batatas

ցորեն
....
trigo

սոյա
....
soja

կարտոֆիլ
....
papa

եգիպտացորեն
....
maíz

rapeseed
....
semilla de colza

մրգային ծառ
....
árbol frutal

manioc
....
mandioca

շիլաներ
....
cereales

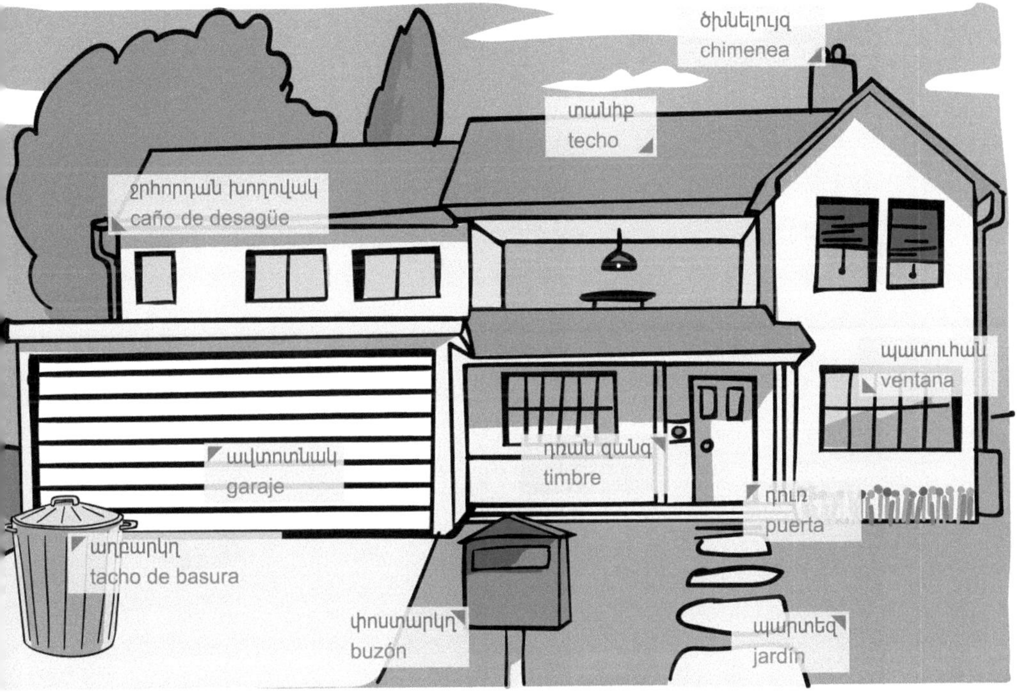

ծխնելույզ
chimenea
տանիք
techo
ջրհորդան խողովակ
caño de desagüe
պատուհան
ventana
ավտոտնակ
garaje
դռան զանգ
timbre
դուռ
puerta
աղբարկղ
tacho de basura
փոստարկղ
buzón
պարտեզ
jardín

հյուրասենյակ

living

լողասենյակ

baño

խոհանոց

cocina

ննջարան

dormitorio

մանկական սենյակ

cuarto de los chicos

ճաշասենյակ

comedor

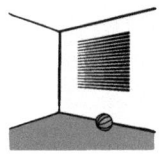

հարկ
piso

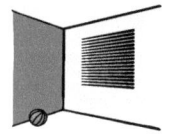

պատ
pared

առաստաղ
cielorraso

նկուղ
sótano

շոգեբաղնիք
sauna

պատշգամբ
balcón

պատշգամբ
terraza

ավազան
pileta

խոտհնձիչ
cortadora de pasto

թերթ
sábana

անկողնու ծածկոց
acolchado

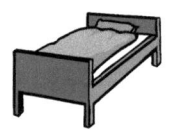

մահճակալ
cama

ավել
escoba

դույլ
balde

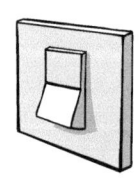

անջատիչ
interruptor

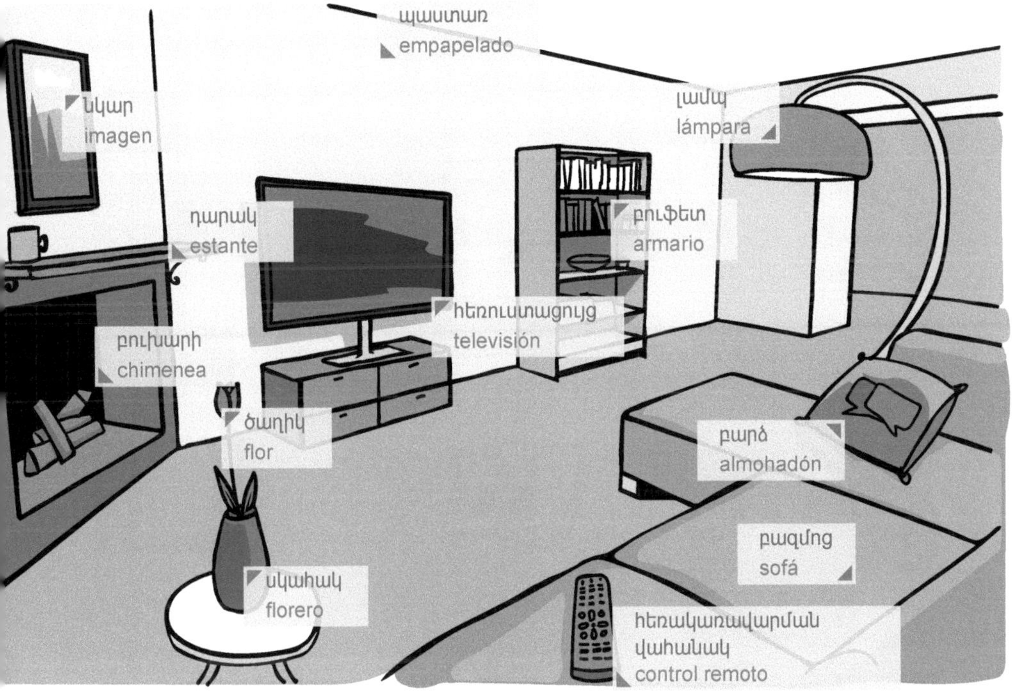

պաստառ
empapelado
նկար
imagen
լամպ
lámpara
դարակ
estante
բուֆետ
armario
հեռուստացույց
televisión
բուխարի
chimenea
ծաղիկ
flor
բարձ
almohadón
բազմոց
sofá
florero
հեռակառավարման վահանակ
control remoto

գորգ
alfombra

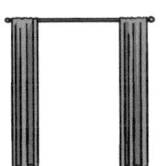

վարագույր
cortina

սեղան
mesa

աթոռ
silla

ճոճվող բազկաթոռ
mecedora

բազկաթոռ
sillón

գիրք

libro

վերմակ

frazada

զարդարանք

decoración

վառելափայտ

leña

ֆիլմ

película

hi-fi

equipo de música

բանալի

llave

թերթ

diario

նկար

pintura

պլակատ

póster

ռադիո

radio

տետր

cuaderno

փոշեկուլ

aspiradora

կակտուս

cactus

մոմ

vela

խոհանոց
cocina

սառնարանի
heladera
միկրոալիքային վառարան
microondas
խոհանոցի կշեռք
balanza de cocina
տոստեր
tostadora
լվացող հեղուկ
detergente
վառարան
horno
սառնարան
freezer
աղբարկղ
tacho de basura
աման լվացող սարք
lavaplatos

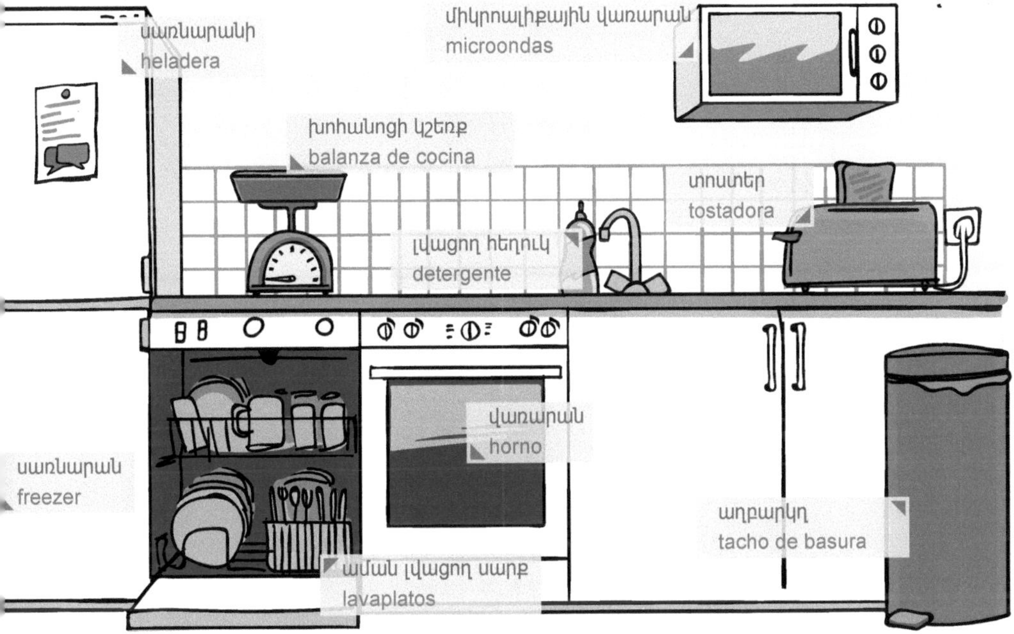

կաթսա

cocina

կճուճ

olla

թուջէ աման

olla de hierro fundido

wok / kadai

wok

թավա

sartén

թեյնիկ

pava

շոգենավ

vaporera

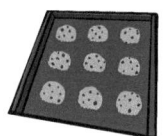

ջեռոցի սկուտեղ

bandeja de horno

ամանեղեն

vajilla

բաժակ

taza

խորը աման

bol

փայտիկներ

palitos

շերեփ

cucharón

խոհանոցային բահիկ

estpátula

հարել

batidora

քամիչ

colador

մաղ

colador

քերիչ

rallador

հավանգ

mortero

խորոված

parrilla

բաց կրակի

fogata

տախտակ

tabla de picar

գրտնակ

palo de amasar

խցանահան

sacacorchos

բանկա

lata

բացիչ

abrelatas

խոհանոցային բռնիչ

manopla

լվացարան

pileta

խոզանակ

cepillo

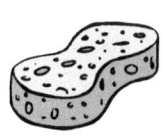

սպունգ

esponja

բլենդեր

batidora

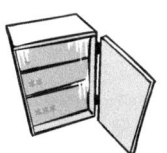

սառնարան

congelador

մանկական շիշ

mamadera

թակել

canilla

խոհանոց - cocina

լողասենյակ
baño

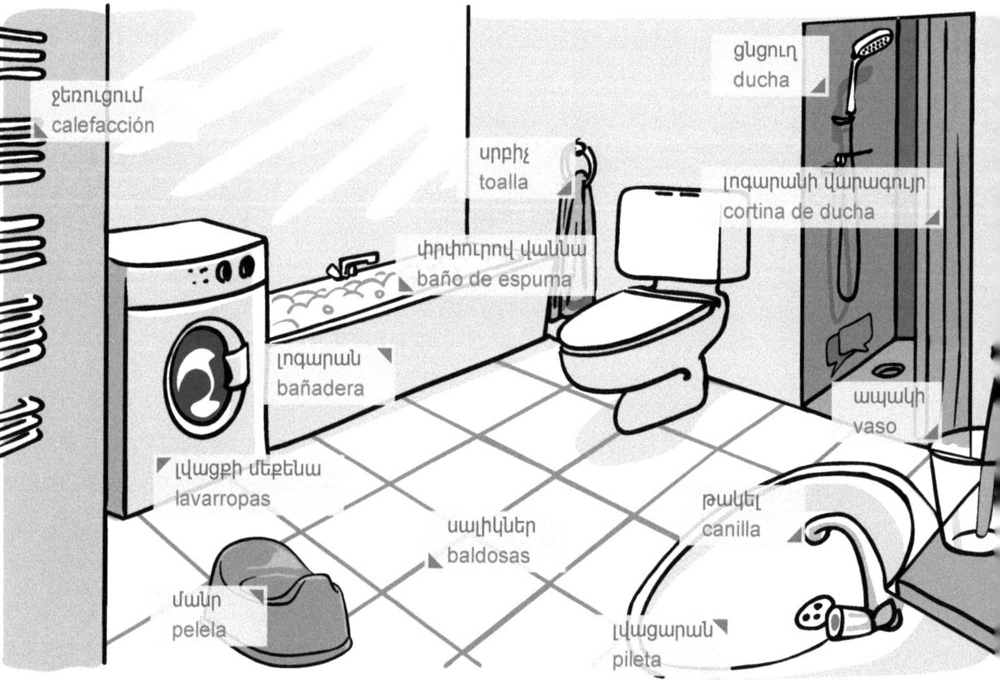

ջեռուցում
calefacción
սրբիչ
toalla
ցնցուղ
ducha
լոգարանի վարագույր
cortina de ducha
փրփուրով վաննա
baño de espuma
լոգարան
bañadera
ապակի
vaso
լվացքի մեքենա
lavarropas
թակել
canilla
սալիկներ
baldosas
pelela
լվացարան
pileta

զուգարան

inodoro

կզելը զուգարան

letrina

բիդե

bidé

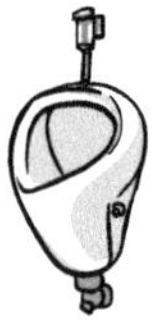

pissoir

mingitorio

զուգարանի թուղթ

papel higiénico

զուգարանի խոզանակ

cepillo para el inodoro

ատամի խոզանակ

cepillo de dientes

ատամի քսուք

dentífrico

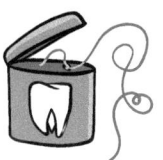

ատամի թել

hilo dental

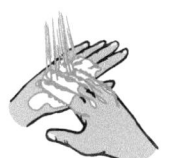

լվանալ

lavar

ձեռքի ցնցուղ

ducha de mano

ցնցուղ

ducha higiénica

ավազան

palangana

մեջքի խոզանակ

cepillo para espalda

օճառ

jabón

լոգանքի գել

gel de ducha

շամպուն

shampoo

ճիլոպ

toallita

հատականցք

desagüe

կրեմ

crema

դեզոդորանտ

desodorante

հայելի

espejo

ձեռքի հայելի

espejito

սափրիչ

maquinita de afeitar

Սափրվելու փրփուր

espuma de afeitar

սափրվելուց հետո քսվող
լոսյոն

aftershave

սանր

peine

խոզանակ

cepillo

Մազերի չորացուցիչ

secador de pelo

մազի լաք

spray

դիմահարդարում

maquillaje

շրթնաներկ

lápiz de labios

եղունգների լաք

esmalte para uñas

բամբակ

algodón

եղունգների մկրատ

tijera para uñas

օծանելիք

perfume

դիմահարդարման պայուսակ
portacosméticos

աթոռակ
banqueta

կշեռք
balanza

լողանալու խալաթ
bata

ռետինե ձեռնոցներ
guantes de goma

տամպոն
tampón

սանիտարական սրբիչ
toallita femenina

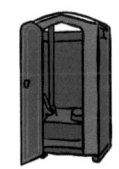

քիմիական զուգարան
baño químico

Մանկական սենյակ

cuarto de los chicos

զարթուցիչ ժամացույց
despertador
փափուկ խաղալիք
peluche
խաղալիք մեքենա
coche de juguete
բլբլալ
sonajero
տիկնիկների տնակ
casa de muñecas
regalo

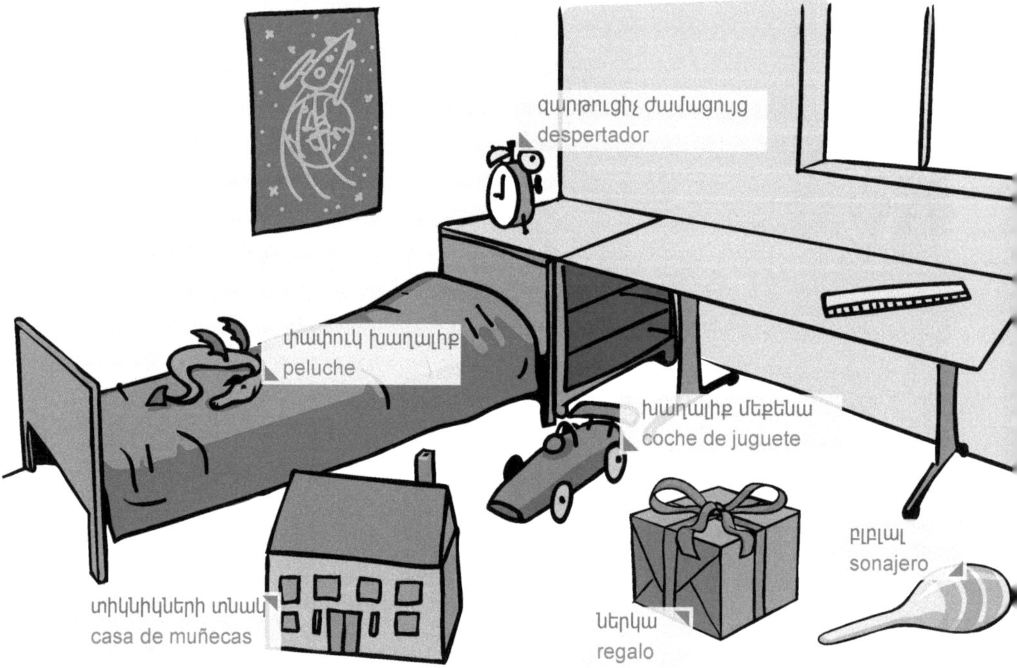

փուչիկ

globo

մահճակալ

cama

մանկական սայլակ

cochecito

խաղաթղթեր

cartas

խճապատկեր

rompecabezas

կոմիքս

historieta

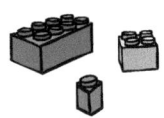

Լեգո կուբիկներ

piezas de lego

կառուցողական խաղալիքներ

ladrillos de juguete

ակցիան գործիչ

figura de acción

մանկական բոդի

enterito (de bebé)

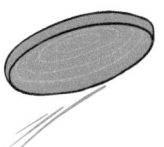

Frisbee

frisbee

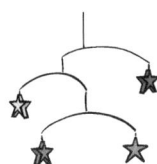

շարժական

móvil para bebés

խաղատախտակ

juego de mesa

զառախաղ

dados

գնացքների կազմ

tren eléctrico

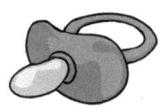

ծծակ

chupete

կուսակցություն

fiesta

մանկական պատկերազարդ գիրք

libro de cuentos ilustrado

գնդակ

pelota

տիկնիկ

muñeca

խաղալ

jugar

ավազե խաղահրապարակի

arenero

ռիթմ

hamaca

Խաղալիքներ

juguetes

վիդեո խաղ մխիթարել

consola de videojuegos

եռանիվ հեծանիվ

triciclo

խաղալիք արջուկ

osito de peluche

պահարան

armario

հագուստ
ropa

կիսագուլպա

medias

գուլպա

medias panty

զուգագուլպա

calzas

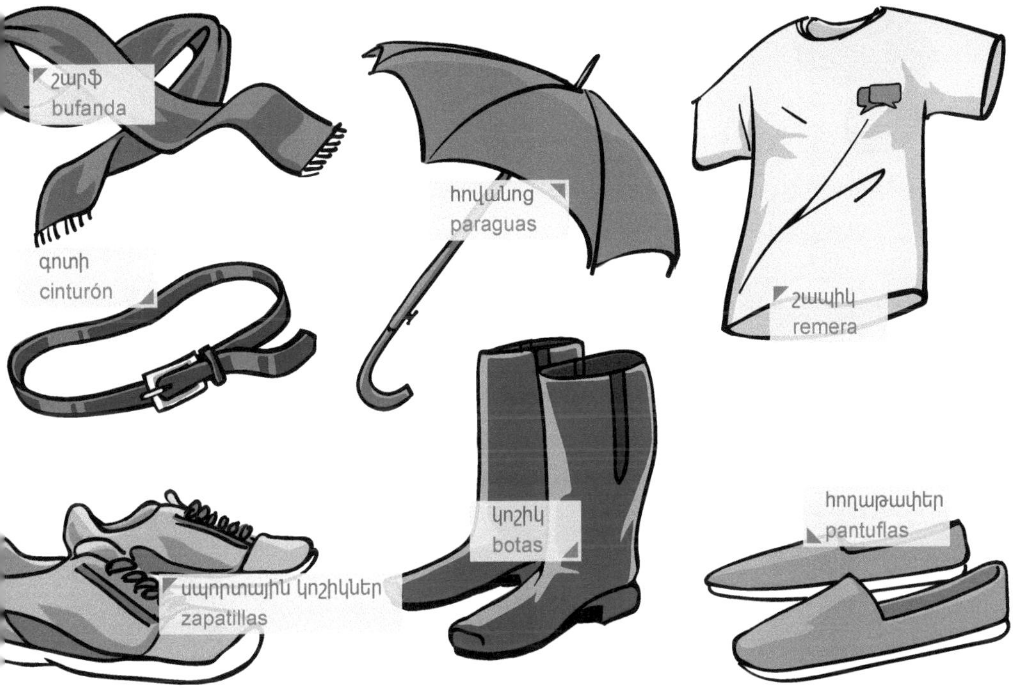

շարֆ
bufanda

հովանոց
paraguas

գոտի
cinturón

շապիկ
remera

կոշիկ
botas

հողաթափեր
pantuflas

սպորտային կոշիկներ
zapatillas

սանդալներ
sandalias

կոշիկ
zapatos

ռետինե կոշիկներ
botas de goma

վարտիք
ropa interior

կրծկալ
corpiño

մայկա
chaleco

մարմին

body

անդրավարտիք

pantalones

ջինս

jeans

կիսաշրջազգեստ

pollera

բլուզ

blusa

վերնաշապիկ

camisa

պուլովեր

pulóver

սպորտային կուրտկա

buzo

պիջակ

blazer

կուրտկա

campera

վերարկու

tapado

անձրևանոց

piloto

կանացի կոստյում

traje

զգեստ

vestido

հարսանյաց զգեստ

vestido de novia

հագուստ - ropa

տղամարդու կոստյում

traje

գիշերանոց

camisón

պիժամա

pijama

Սարի

sari

գլխաշորն

pañuelo para cabeza

չալմա

turbante

չադրա

burka

արևելյան խալաթ

caftán

հաստ վերարկու

abaya

կանացի լողազգեստ

traje de baño

տղամարդու լողազգեստ

short de baño

շորտ

shorts

սպորտային համազգեստ

jogging

գոգնոց

delantal

ձեռնոցներ

guantes

կոճակ

botón

ակնոց

anteojos

ապարանջան

pulsera

վզնոց

collar

մատանի

anillo

ականջօղ

aro

գլխարկ

gorra

կախիչ

percha

գլխարկ

sombrero

փողկապ

corbata

շղթա

cierre

սաղավարտ

casco

տաբատակալ

tiradores

դպրոցական համազգեստ

uniforme escolar

համազգեստ

uniforme

մանկական գոգնոց

babero

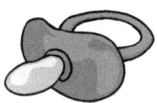

ծծակ

chupete

մանկական տակդիր

pañal

գրասենյակ
oficina

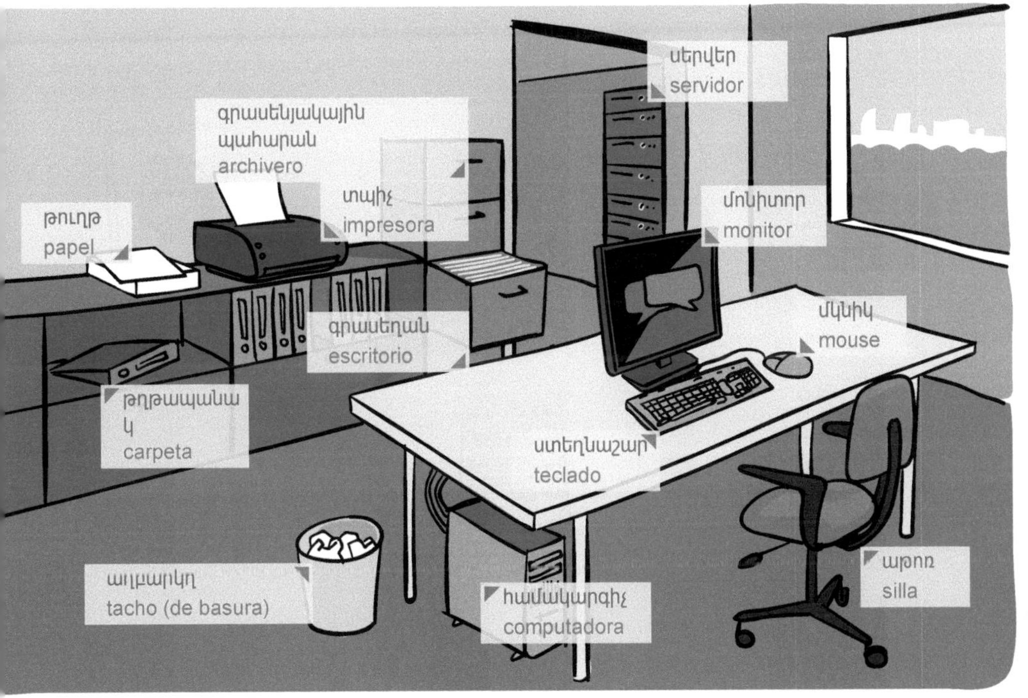

գրասենյակային պահարան
archivero

սերվեր
servidor

տպիչ
impresora

մոնիտոր
monitor

թուղթ
papel

գրասեղան
escritorio

մկնիկ
mouse

թղթապանակ
carpeta

ստեղնաշար
teclado

աղբարկղ
tacho (de basura)

համակարգիչ
computadora

աթոռ
silla

սուրճի գավաթ

taza de café

հաշվիչ

calculadora

ինտերնետ

internet

laptop

laptop

նամակ

carta

հաղորդագրություն

mensaje

բջջային հեռախոս

celular

ցանց

red

պատճենահանման սարք

fotocopiadora

ծրագրային ապահովում

software

հեռախոս

teléfono

վարդակ

tomacorriente

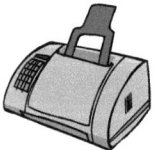

ֆաքսի մեքենա

fax

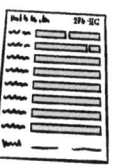

տեսակ

formulario

փաստաթուղթ

documento

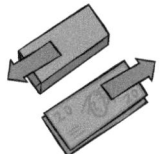

գնել

comprar

վճարել

pagar

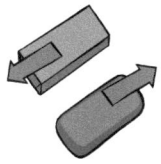

առեւտրի

hacer negocios

փող

dinero

դոլար

dólar

եվրո

euro

իեն

yen

ռուբլի

rublo

շվեյցարական ֆրանկ

franco suizo

յուան

yuan

ռուպի

rupia

բանկոմատ

cajero automático

փոխանակման կետ

casa de cambio

ոսկի

oro

արծաթ

plata

նավթ

petróleo

էներգիա

energía

գին

precio

պայմանագիր

contrato

հարկ

impuesto

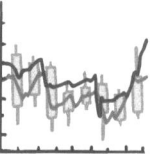

ակցիաներ

acción

աշխատանք

trabajar

ծառայող

empleado

գործատուն

empleador

գործարան

fábrica

խանութ

negocio

մասնագիտություն
ocupaciones

ոստիկան
policía
հրշեջ
bombero
խոհարար
cocinero
բժիշկ
médico
օդաչու
piloto

այգեպան

jardinero

ատաղձագործ

carpintero

դերձակուհի

modista

դատավոր

juez

քիմիկոս

farmacéutico

դերասան

actor

ավտոբուսի վարորդ

colectivero

տաքսու վարորդ

taxista

ձկնորս

pescador

հավաքարար

mucama

տանիքագործ

techista

մատուցող

mozo

որսորդ

cazador

նկարիչ

pintor

հացթուխ

panadero

էլեկտրատեխնիկ

electricista

շինարար

albañil

ինժեներ

ingeniero

մսագործ

carnicero

ջրմուղագործ

plomero

փոստարար

cartero

զինվոր

soldado

ճարտարապետ

arquitecto

գանձապահ

cajero

ծաղկավաճառ

florista

վարսավիր

peluquero

տոմսավաճառ

cobrador

մեխանիկ

mecánico

կապիտան

capitán

ատամնաբույժ

dentista

գիտնական

científico

ռաբբի

rabino

իմամ

imán

կուսակրոն

monje

հոգևորական

sacerdote

գործիքներ
herramientas

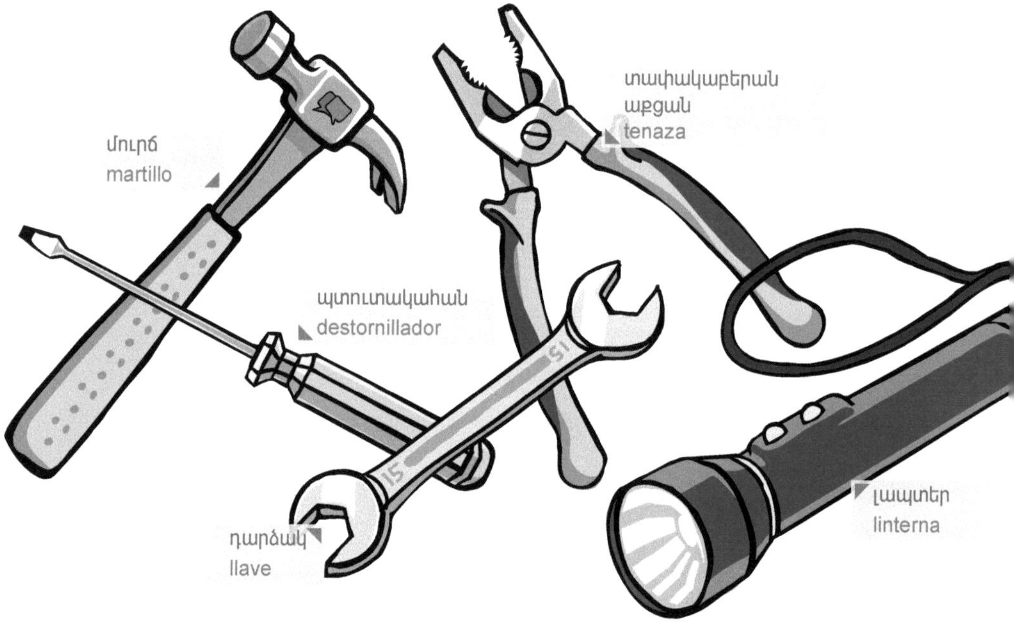

մուրճ
martillo

տափակաբերան
աքցան
tenaza

պտուտակահան
destornillador

դարձակ
llave

լապտեր
linterna

էքսկավատոր
excavadora

գործիքների տուփ
caja de herramientas

սանդուղք
escalera portátil

սղոց
sierra

մեխեր
clavos

գայլիկոն
taladro

նորոգում

arreglar

բահ

pala de jardín

գրողը տանի

¡Qué bronca!

գոգաթիակ

pala de plástico

ներկաման

tacho de pintura

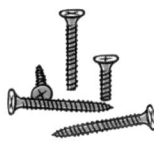

պտուտակներ

tornillos

երաժշտական գործիքներ
instrumentos musicales

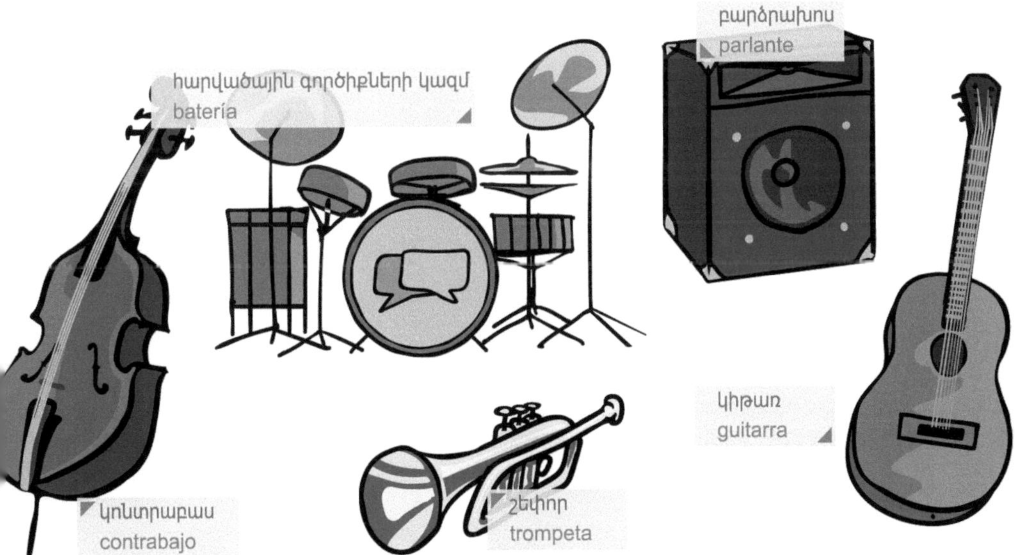

բարձրախոս
parlante
հարվածային գործիքների կազմ
batería
կիթառ
guitarra
կոնտրաբաս
contrabajo
շեփոր
trompeta

դաշնամուր
piano

ջութակ
violín

բաս
bajo

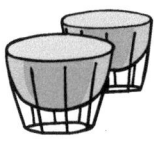

թմբուկներ
timbales

հարվածային գործիքներ
tambor

ստեղնաշար
teclado

սաքսոֆոն
saxofón

ֆլեյտա
flauta

միկրոֆոն
micrófono

կենդանաբանական այգի

zoológico

վագր
tigre
վանդակ
jaula
մուտք
entrada
զեբր
cebra
կենդանիների կերակուր
alimento para animales
պանդա
oso panda

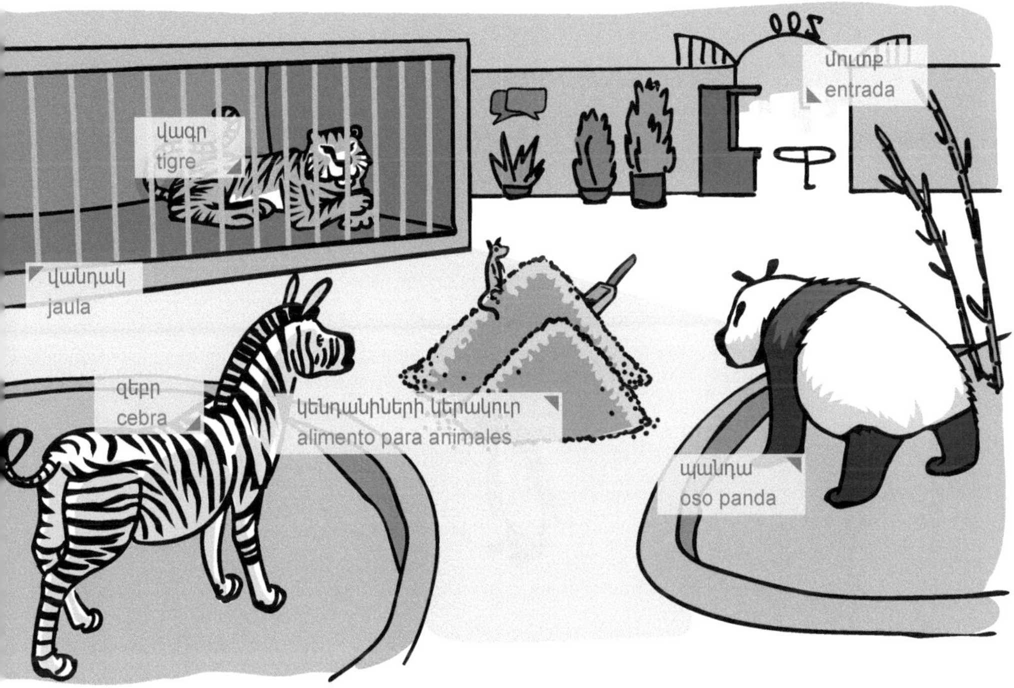

կենդանիներ

animales

փիղ

elefante

կենգուրու

canguro

ռնգեղջյուր

rinoceronte

գորիլա

gorila

գորշ արջ

oso

ուղտ

camello

ջայլամ

avestruz

առյուծ

león

կապիկ

mono

Ֆլամինգո

flamenco

թութակ

loro

բևեռային արջ

oso polar

պինգվին

pingüino

շնաձուկ

tiburón

սիրամարգ

pavo real

օձ

serpiente

կոկորդիլոս

cocodrilo

կենդանաբանական այգու
աշխատող

cuidador del zoológico

փոկ

foca

յագուար

jaguar

պոնի
poni

ընձառյուծ
leopardo

գետաձի
hipopótamo

ընձուղտ
jirafa

արծիվ
águila

վարազ
jabalí

ձուկ
pescado

կրիա
tortuga

ծովացուլ
morsa

աղվես
zorro

վիթ
gacela

սպորտներ
deportes

ամերիկյան ֆուտբոլ
fútbol americano
հեծանվավազք
ciclismo
թենիս
tenis
բասկետբոլ
básquet
լող
natación
բռնցքամարտ
boxeo
հոկեյ
hockey sobre hielo

ֆուտբոլ

fútbol

բադմինտոն

bádminton

աթլետիկա

atletismo

ձեռքի գնդակ

handball

դահուկային սպորտ

esquí

պոլո

polo

ծիծաղել
reír
ցատկել
saltar
գրկել
abrazar
քայլել
caminar
երգել
cantar
երազել
soñar
աղոթել
rezar
համբուրել
besar

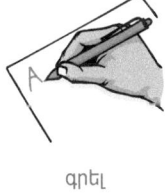

գրել
escribir

նկարել
dibujar

ցույց տալ
mostrar

հրել
presionar

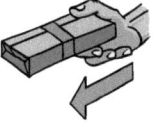

տալ
dar

վերցնել
tomar

ունենալ

tener

դեպի

hacer

լինել

ser

կանգնել

estar parado

վազել

correr

քաշել

tirar

նետել

tirar

ընկնել

caer

ստել

estar acostado

սպասել

esperar

կրել

llevar

նստել

estar sentado

հագնվել

vestirse

քնել

dormir

արթնանալ

despertar

նայել

mirar

լացել

llorar

շոյել

acariciar

սանրվել

peinar

խոսել

hablar

հասկանալ

entender

հարցնել

preguntar

լսել

escuchar

խմել

beber

ուտել

comer

հարդարվել

ordenar

սիրել

amar

խոհարար

cocinar

քշել

manejar

թռչել

volar

լողալ

navegar

հաշվել

calcular

կարդալ

leer

սովորել

aprender

աշխատանք

trabajar

ամուսնանալ

casarse

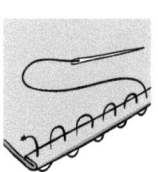

կարել

coser

ատամները լվանալ

cepillarse los dientes

սպանել

matar

ծուխ

fumar

ուղարկել

enviar

տատիկ
abuela
պապիկ
abuelo
հայր
padre
մայր
madre
երեխա
bebé
դուստր
hija
որդի
hijo

հյուր
....
invitado

հորաքույր
....
tía

հորեղբայր
....
tío

եղբայր
....
hermano

քույր
....
hermana

մարմին

cuerpo

ճակատ
frente
աչք
ojo
ուս
hombro
մատ
dedo
դեմք
cara
կզակ
pera
ձեռք
mano
կուրծք
pecho
ոտք
pierna
թև
brazo

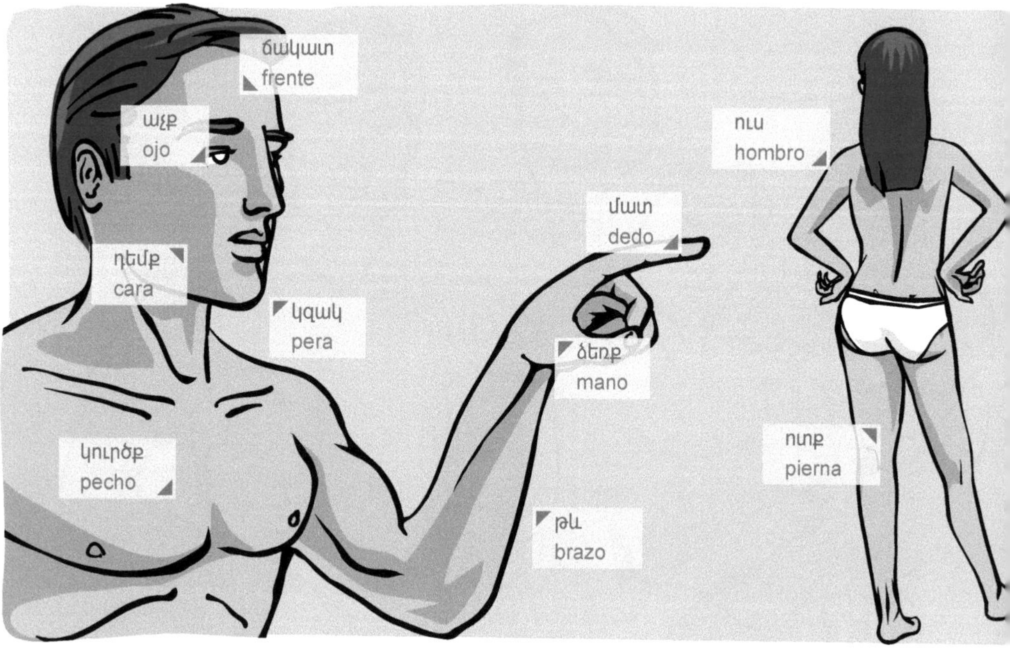

երեխա

bebé

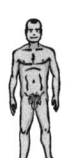

մարդ

hombre

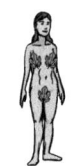

կին

mujer

աղջիկ

nena

տղա

nene

գլուխ

cabeza

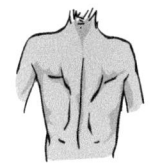

Մեջք

espalda

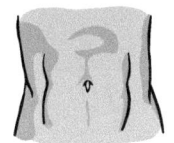

փոր

panza

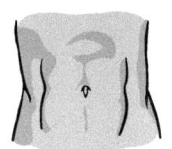

պորտ

ombligo

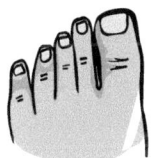

ոտնամատ

dedo del pie

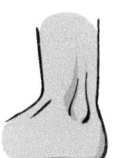

կրունկ

talón

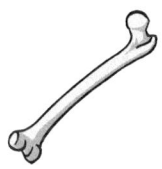

ոսկոր

hueso

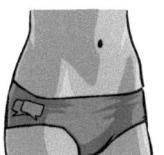

ազդր

cadera

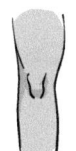

ծունկ

rodilla

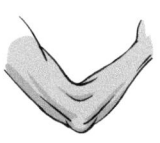

արմունկ

codo

քիթ

nariz

հետույք

cola

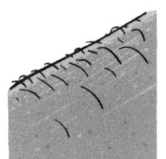

մաշկ

piel

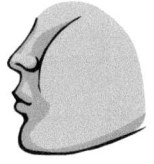

այտ

cachete

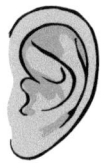

ականջ

oreja

շրթունք

labio

բերան
boca

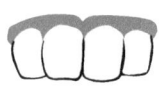

ատամ
diente

լեզու
lengua

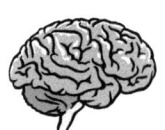

ուղեղ
cerebro

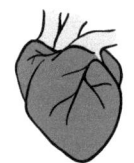

սիրտ
corazón

մկան
músculo

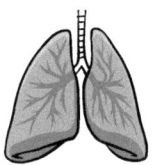

թոք
pulmón

լյարդ
hígado

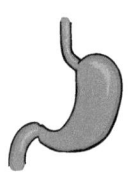

ստամոքս
estómago

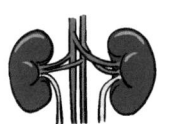

երիկամներ
riñones

սեքս
sexo

պահպանակներ
preservativo

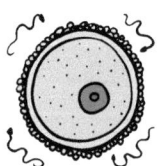

ձվաբջիջը
óvulo

Սեմյոն
semen

հղիություն
embarazo

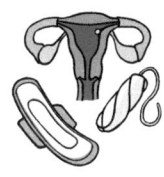

դաշտան

menstruación

հեշտոց

vagina

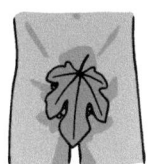

առնանդամ

pene

հոնք

ceja

մազ

pelo

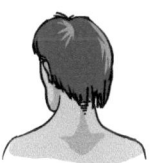

պարանոց

cuello

հիվանդանոց
hospital

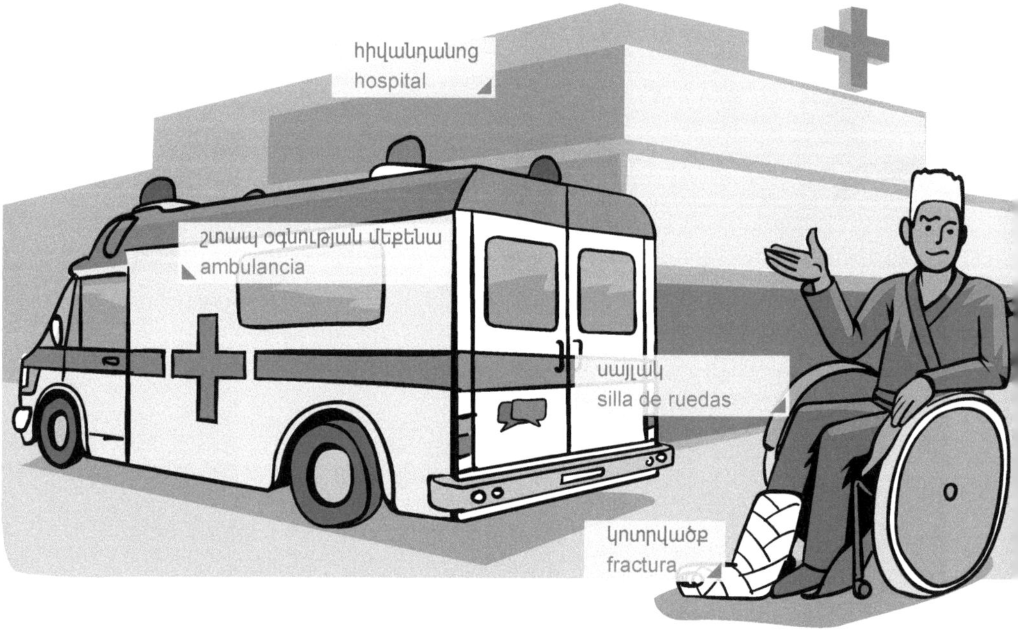

հիվանդանոց
hospital
շտապ օգնության մեքենա
ambulancia
սայլակ
silla de ruedas
կոտրվածք
fractura

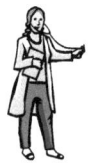

բժիշկ

médico

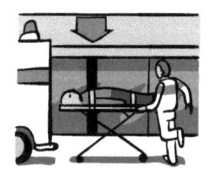

շտապ օգնության սենյակ

sala de guardia

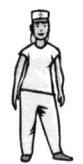

բուժքույր

enfermera

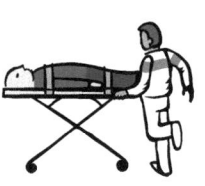

շտապ օգնություն

emergencia

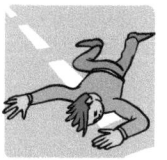

անգիտակից

inconsciente

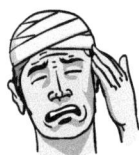

ցավ

dolor

վնասվածք
....
lesión

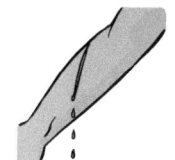

արյունահոսություն
....
hemorragia

սրտի կաթված
....
infarto

կաթված
....
ACV

ալերգիա
....
alergia

հազ
....
tos

տենդ
....
fiebre

գրիպ
....
gripe

փորլուծություն
....
diarrea

գլխացավ
....
dolor de cabeza

քաղցկեղ
....
cáncer

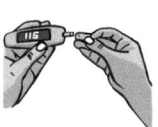

դիաբետ
....
diabetes

վիրաբույժ
....
cirujano

վիրադանակ
....
bisturí

վիրահատություն
....
operación

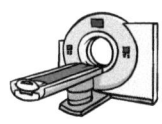

CT

TC

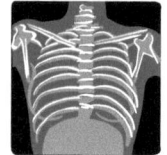

ռենտգեն

rayos x

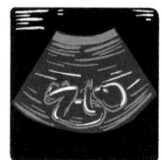

ուլտրաձայնային

ecografía

դեմքի դիմակ

barbijo

հիվանդություն

enfermedad

սպասասրահ

sala de espera

հենակ

muleta

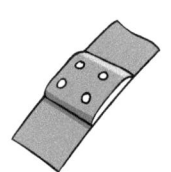

սպեղանի

curita

վիրակապ

venda

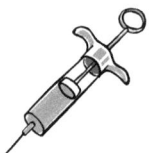

ներարկում

inyección

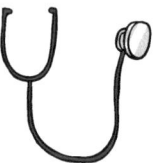

լսափողակ

estetoscopio

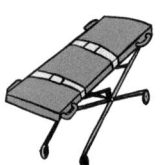

պատգարակ

camilla

ջերմաչափ

termómetro

ծնունդ

nacimiento

ավելաքաշ

sobrepeso

լսելով օգնության
audífono

ախտահանիչ
desinfectante

վարակ
infección

վիրուս
virus

ՄԻԱՎ / ՁԻԱՀ
VIH / SIDA

դեղորայք
remedio

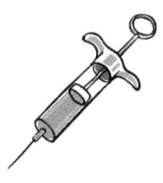

պատվաստում
vacunación

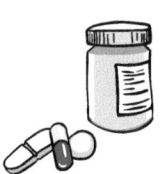

հաբեր
comprimidos

հաբ
pastilla anticonceptiva

ահազանգ
llamada de emergencia

արյան ճնշման չափիչ սարք
tensiómetro

հիվանդ / առողջ
enfermo / sano

Շտապ օգնություն
emergencia

Օգնություն!

¡Ayuda!

տագնապի ազդանշան

alarma

հարձակում

agresión

հարձակում

ataque

վտանգ

peligro

վթարային ելք

salida de emergencia

Հրդեհ

¡Fuego!

կրակմարիչ

matafuego

վթար

accidente

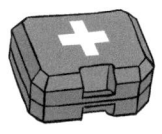

առաջին օգնության դեղարկղ

botiquín de primeros auxilios

SOS

SOS

ոստիկանություն

policía

Եվրոպա

Europa

Հյուսիսային Ամերիկա

América del Norte

Հարավային Ամերիկա

América del Sur

Աֆրիկա

África

Ասիա

Asia

Ավստրալիա

Australia

Ատլանտյան օվկիանոս

Atlántico

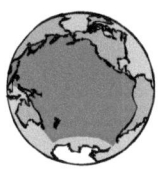

Խաղաղ օվկիանոս

Pacífico

Հնդկական օվկիանոս

Océano Índico

Հարավային Սառուցյալ օվկիանոս

Océano Antártico

Հյուսիսային Սառուցյալ օվկիանոս

Océano Ártico

հյուսիսային բևեռ

polo norte

հարավային բևեռ

polo sur

Անտարկտիդա

Antártida

երկիր

Tierra

ցամաք

tierra

ծով

mar

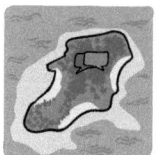

կղզի

isla

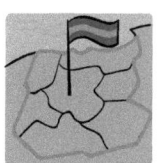

ազգ

nación

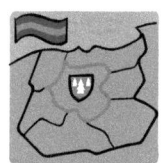

պետական

estado

ժամացույց
reloj

թվատախտակ

esfera

ժամի սլաք

manecilla de las horas

րոպեի սլաք

minutero

վայրկյանի սլաք

segundero

Ժամը քանիսն է?

¿Qué hora es?

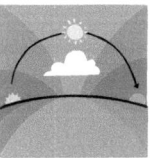

օր

día

այսպիսով

hora

այժմ

ahora

թվային ժամացույց

reloj digital

րոպե

minuto

ժամ

hora

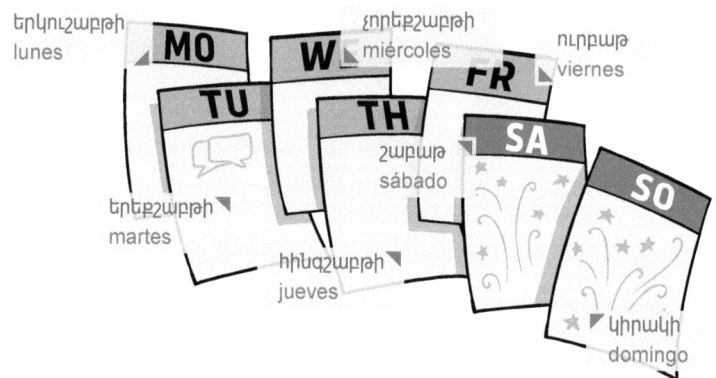

երկուշաբթի / lunes
չորեքշաբթի / miércoles
ուրբաթ / viernes
երեքշաբթի / martes
շաբաթ / sábado
հինգշաբթի / jueves
կիրակի / domingo

այսօր
ayer

այսօր
hoy

վաղը
mañana

առավոտ
mañana

կեսօր
mediodía

երեկո
tarde

աշխատանքային օրեր
días hábiles

շաբաթվա վերջ
fin de semana

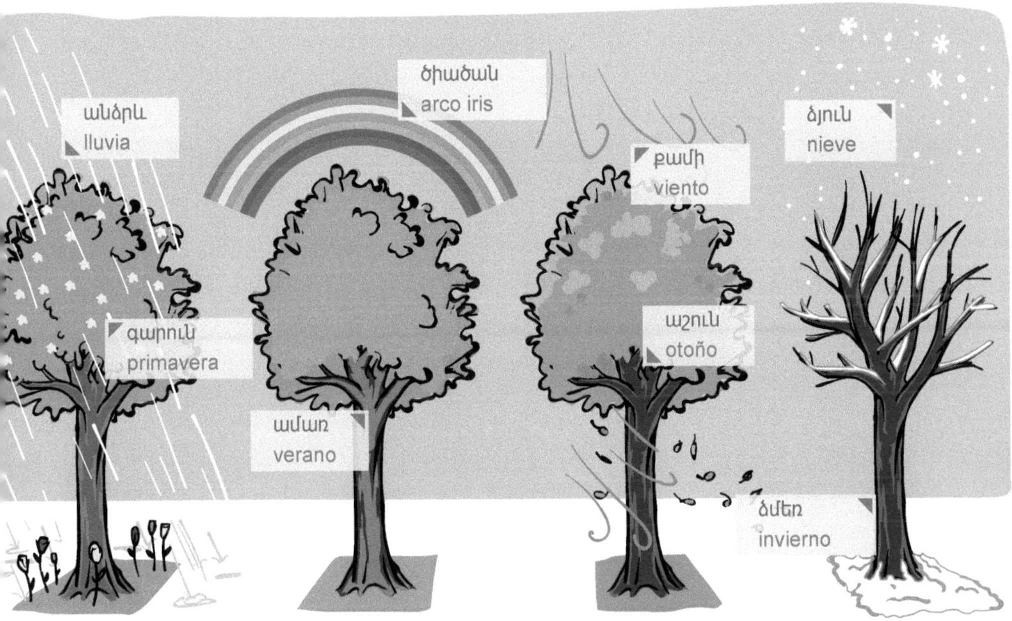

անձրև
lluvia

ծիածան
arco iris

քամի
viento

ձյուն
nieve

գարուն
primavera

ամառ
verano

աշուն
otoño

ձմեռ
invierno

Եղանակի տեսություն
ronóstico meteorológico

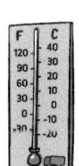

ջերմաչափ
termómetro

արևի լույս
luz del sol

ամպ
nube

մառախուղ
niebla

խոնավություն
humedad

կայծակ
rayo

որոտ
trueno

փոթորիկ
tormenta

կարկուտ
granizo

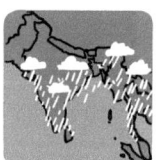

մուսոն
monzón

ջրհեղեղ
inundación

սառույց
hielo

հունվար
enero

փետրվար
febrero

մարտ
marzo

ապրիլ
abril

մայիս
mayo

հունիս
junio

հուլիս
julio

օգոստոս
agosto

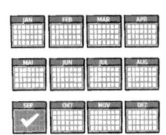

սեպտեմբեր
....
septiembre

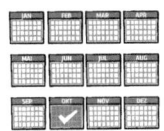

հոկտեմբեր
....
octubre

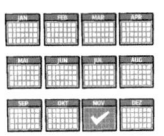

նոյեմբեր
....
noviembre

դեկտեմբեր
....
diciembre

ձեւավորում

formas

շրջան
....
círculo

քառակուսի
....
cuadrado

ուղղանկյունի
....
rectángulo

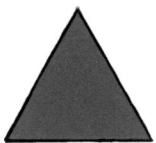

եռանկյունի
....
triángulo

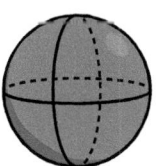

ասպարեզ
....
esfera

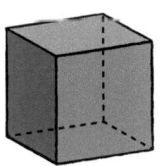

խորանարդ
....
cubo

գույներ
colores

վարդագույն

blanco

մոխրագույն

amarillo

դեղին

naranja

մանուշակագույն

rosa

կարմիր

rojo

շագանակագույն

violeta

կապույտ

azul

սև

verde

նարնջագույն

marrón

սպիտակ

gris

կանաչ

negro

շատ / քիչ

mucho / poco

բարկացած / հանգիստ

enojado / tranquilo

գեղեցիկ / տգեղ

lindo / feo

սկսած / վերջը

principio / fin

մեծ / փոքր

grande / chico

պայծառ / մութ

claro / oscuro

եղբայրը / քույրը

hermano / hermana

մաքուր / կեղտոտ

limpio / sucio

ամբողջական / թերի

completo / incompleto

օր / գիշեր

día / noche

մեռած / կենդանի

muerto / vivo

լայն / նեղ

ancho / angosto

ուտելի / անուտելի

comestible / no comestible

չար / բարի

malo / amable

հուզված / ձանձրացրել

entusiasmado / aburrido

հաստ / բարակ

gordo / flaco

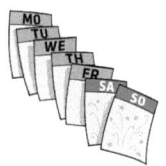

առաջին / վերջին

primero / último

ընկերը / թշնամին

amigo / enemigo

լիքը / դատարկ

lleno / vacío

կոշտ / փափուկ

duro / blando

ծանր / թեթև

pesado / liviano

քաղց / ծարավ

hambre / sed

հիվանդ / առողջ

enfermo / sano

անօրինական է / իրավաբանական

ilegal / legal

խելացի / հիմարություն

inteligente / estúpido

ձախ / աջ

izquierda / derecha

մոտիկ / հեռու

cerca / lejos

հակադիրներ - opuestos

Նոր / օգտագործվում

nuevo / usado

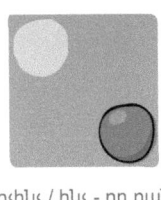

ոչինչ / ինչ - որ բան

nada / algo

ծեր / երիտասարդ

viejo / joven

միացում անջատում

encendido / apagado

բաց / փակ

abierto / cerrado

ցածր / բարձր

silencioso / ruidoso

հարուստ / աղքատ

rico / pobre

ճիշտ / սխալ

correcto / incorrecto

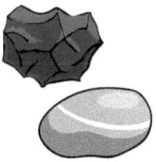

անհարթ / հարթ

áspero / suave

տխուր / ուրախ

triste / contento

կարճ / երկար

corto / largo

դանդաղ / արագ

lento / rápido

թաց / չոր

mojado / seco

տաք / թույն

caliente / frío

պատերազմ /
խաղաղությունը
guerra / paz

թվեր
números

0	1	2
զրո	մեկ	երկու
cero	uno	dos
3	4	5
երեք	չորս	հինգ
tres	cuatro	cinco
6	7	8
վեց	յոթ	ութ
seis	siete	ocho
9	10	11
ինը	տաս	տասնմեկ
nueve	diez	once

12
տասներկու
doce

13
տասներեք
trece

14
տասնչորս
catorce

15
տասնհինգ
quince

16
տասնվեց
dieciséis

17
տասնյոթ
diecisiete

18
տասնութ
dieciocho

19
տասնինը
diecinueve

20
քսան
veinte

100
հարյուր
cien

1.000
հազար
mil

1.000.000
միլիոն
millón

լեզուներ

idiomas

անգլերեն

inglés

ամերիկյան անգլերեն

inglés americano

չինարեն մանդարին

chino mandarín

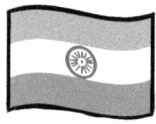

հինդի

hindi

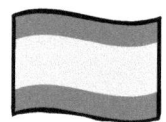

իսպաներեն

español

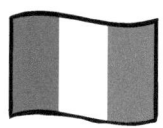

ֆրանսերեն

francés

արաբերեն

árabe

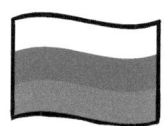

ռուսերեն

ruso

պորտուգալերեն

portugués

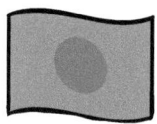

բենգալերեն

bengalí

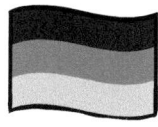

գերմաներեն

alemán

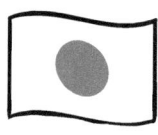

ճապոներեն

japonés

ես

yo

դուք

vos

Նա / նա /, որ դա

él / ella

մենք

nosotros

դուք

ustedes

նրանք

ellos

Ով է?

¿quién?

ինչ?

¿qué?

ինչպես?

¿cómo?

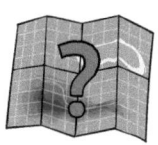

որտեղ.

¿dónde?

երբ?

¿cuándo?

անուն

nombre

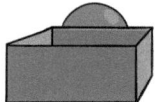

որտեղ
dónde

ետևում

detrás

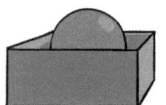

մեջ

en

դիմաց

adelante de

վրա

por encima de

վրա

sobre

տակ

debajo de

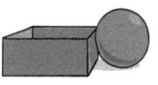

կողքին

al lado de

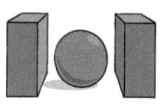

միջեւ

entre

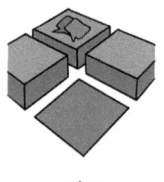

տեղ

lugar